DES ORIGINES

DE LA COMMUNAUTÉ DE BIENS ENTRE ÉPOUX.

DES ORIGINES

DE

LA COMMUNAUTÉ DE BIENS

ENTRE ÉPOUX,

PAR ADOLPHE TARDIF,

AVOCAT, DOCTEUR EN DROIT,

ANCIEN ÉLÈVE PENSIONNAIRE DE L'ÉCOLE DES CHARTES.

PARIS,

A. DURAND, LIBRAIRE,

5, RUE DES GRÈS.

1850

DES ORIGINES

DE

DE LA COMMUNAUTÉ DE BIENS

ENTRE ÉPOUX.

« A défaut de stipulations spéciales
« qui dérogent au régime de la com-
« munauté ou le modifient, les règles
« établies dans la première partie du
« chapitre II (*De la communauté lé-*
« *gale*) formeront le droit commun
« de la France (C. c., art. 1393). »

Les origines de la communauté de biens entre époux ont été souvent l'objet de recherches historiques. L'importance de cette étude, son utilité pratique expliquent assez l'intérêt qu'elle a inspiré dans tous les temps, et la variété des systèmes qu'elle a fait naître. Parmi les anciens maîtres, Hotman, Brisson, Heinecke, Pasquier ont présenté sur cette question diverses théories qui ont été rajeunies et reproduites de nos jours, pour être bientôt effacées par de nouvelles doctrines que leur origine germanique pouvait cependant rendre suspectes ; c'est ainsi qu'on a voulu trouver le principe et l'origine de l'association de biens entre époux dans le droit germanique antérieur à la conquête, dans le pouvoir ou *mundium* du mari (1), dans la féodalité et l'organisation des tenures serviles (2).

A côté de ces systèmes nettement arrêtés, on en rencontre de moins bien définis. Ainsi M. Giraud regarde le droit celtique comme « le précurseur de la communauté conjugale pressentie « par le stoïcisme et fondée par le christianisme (3) ; » mais il reconnaît aussi « que le droit germanique est pour beaucoup dans « le grand œuvre de la modification des mœurs romaines à cet « égard (4). » Selon M. Troplong, la communauté « est du droit « français... (5) ; elle est sortie d'usages latents, de coutumes in- « times qui, dans le silence de l'histoire et à travers les transfor- « mations de races et de mœurs, se sont emparés de la société... « L'originalité humaine n'a jamais été plus indépendante, plus fé- « conde et plus variée... ; la communauté conjugale est une de ses « créations spontanées (6), » et le savant jurisconsulte incline à croire que les communautés taisibles ont été l'origine de la communauté conjugale entre roturiers, tandis que la communauté entre personnes nobles aurait son principe et son point de départ dans les lois barbares.

Le système de M. Laboulaye est quelque peu plus difficile à démêler et à saisir. On lit, en effet, *Histoire du droit de propriété* : « Il était réservé *au droit germain*... de donner à la femme sa « véritable place dans la famille, d'en faire une associée, » p. 188. — « La communauté est en germe dans *ces premières institutions* « (*germaniques*). Le mari, en vertu de son *mundium*, fait les fruits « siens... » p. 399. — *Condition des femmes*. « La communauté « n'est donc point une *institution germanique*, et c'est ailleurs qu'il « faut chercher son origine. » p. 291. — « La communauté, que

(1) MM. Mittermaier, Philipps, Eichhorn, Zœpfl, Ginoulhiac, Klimrath, Dubois, Kœnigswarter. — (2) MM. Gaupp, Laferrière. — (3) Essai sur l'hist. du dr. français au moyen âge, p. 35. — (4) *Ib.*, p. 320. — (5) Du contr. de mar., t. I, p. CI. — (6) *Ib.*, p. CXVI.

« nous n'avons pas trouvée *dans les lois barbares*, existe dans les « diplômes et les coutumes rustiques... » p. 199. — Pour les serfs, la communauté conjugale n'est autre que la communauté de parsonniers, formée par *codemeurance d'an et jour;* Cf., p. 333, 335. « Telle fut, dans son origine, la communauté, résultat d'un fait « plutôt que d'une loi... » p. 336. — « D'une renonciation à la « communauté, il n'en pouvait être question dans le vilenage, car « cette communauté existait dès *l'origine du mariage...* » p. 337. — « Dans les rotures et les bourgeoisies la communauté fut, en « général, de même nature que la communauté des serfs et des « vilains... » p. 373. — « La communauté ne fut réellement éta« blie entre les nobles que le jour où le développement des clas« ses roturières, qui seules connaissaient la véritable commu« nauté, fut assez grand pour que la législation féodale se vit « forcée de plier devant les usages de ces vilains, si longtemps dé« daignés... » p. 290. — « Ce droit de communauté, générale« ment adopté par les coutumes françaises, était *si peu considéré « comme un droit de communauté* que je vois, sous le règne de « saint Louis, contester à la femme sa part dans les conquêts, et « cela dans la coutume de Paris même. » p. 372. — « Aux XIIe « et XIIIe siècles, le régime de la communauté est devenu *général* « dans les villes et les campagnes. » p. 146 (1).

Ce n'est pas sans raison, on l'avouera, que M. Laboulaye dit quelque part « que cette époque est le règne de la variété (2). »

Enfin le savant et vénéré M. Pardessus, après avoir penché pour les origines celtiques, a modifié son système, au moins en ce qui concerne la communauté légale, et a exposé une théorie ingénieuse que nous aurons à examiner en détail (3).

Toutes les écoles semblent, du reste, avoir un peu oublié dans cette question, que la législation d'un peuple n'est jamais l'effet d'une seule cause, le développement d'un seul principe : une législation qui procéderait avec cette rigueur mathématique porterait en elle un principe destructeur; aussi les législations

(1) Cf. Rev. de lég. et de jur., t. XXXVI, p. 392. — (2) Cond. des femmes, p. 372. — (3) Qu'il nous soit permis ici de témoigner à l'illustre président du Conseil de perfectionnement de l'École des chartes toute notre gratitude pour une bienveillance que nous avons tant de fois mise à l'épreuve, et qui ne nous a jamais fait défaut. Nous avons la même dette de reconnaissance à acquitter envers le savant directeur de l'école, M. Guérard, dont nous ne saurions oublier les conseils ni les leçons.

à priori ne sont-elles possibles que pour les peuplades qui n'ont pas d'histoire. Ce qui est vrai de la législation en général est vrai de chacune de ses parties, et c'est méconnaître une loi de l'humanité que de vouloir assigner à telle institution, la communauté, par exemple, une origine exclusivement romaine, celtique, germaine ou féodale. On peut affirmer d'avance que cette communauté de biens entre époux, comme toutes les institutions de droit privé, a eu des origines diverses et s'est développée sous des influences variées; nous allons étudier successivement ces origines, ces influences, et examiner ce qui revient à chacune dans la question qui nous occupe. Parmi les faits qui ont le plus contribué à l'organisation civile de la société conjugale, il en est un dont, jusqu'à ce jour, on n'a tenu, pour ainsi dire, aucun compte, et auquel nous nous efforcerons de rendre la part qui lui est due, nous voulons parler de l'influence du droit canonique et de l'action de l'Eglise, qui fit du mariage un sacrement, pour le réglementer avec une autorité divine.

Notre plan est tout tracé; la communauté entre époux telle qu'on la trouve au XIIIe siècle doit, selon nous, quelque chose à chacun des faits dans lesquels on a prétendu voir exclusivement son origine; nous aurons donc à étudier, dans l'ordre des temps, leur action successive (1).

I.

Origines romaines.

L'opinion des auteurs qui ont voulu voir dans le droit romain les origines de la communauté de biens entre époux est abandonnée depuis longtemps; nous devons néanmoins exposer dans toute sa force ce système, présenté surtout par Hotman (2),

(1) Nous avons dû cependant sacrifier dans deux cas l'ordre chronologique à la clarté de l'exposition : pour les origines romaines, que nous allons étudier à l'instant, et pour les origines féodales que nous avons cru convenable d'examiner en dernier lieu. — (2) Fr. Hotmani Ant. rom., l. II (op., t. III, p. 116).

Brisson (1) et Bouhier (2). — « La communauté de biens entre époux, disent-ils, existait à Rome. On lit en effet, dans Denys d'Halicarnasse, que la femme qui a passé sous la puissance de son mari, avec le cérémonial prescrit par les lois, devient aussitôt commune en biens avec lui : *κοινωνὸν ἁπάντων εἶναι χρημάτων τε καὶ ἱερῶν* (3). Aussi Nerva, Cassius et les jurisconsultes de leur école étaient-ils d'avis qu'on ne pouvait intenter l'action *furti* contre la femme qui avait dérobé quelque chose à son mari, *quia societas vitæ quodam modo dominam eam faceret* (4). Un grand nombre de textes juridiques établissent cette égalité de droits, cette société entre époux; ainsi Modestin définit les *nuptiæ conjunctio maris et feminæ, et consortium omnis vitæ, divini et humani juris communicatio* (5). Gordien appelle l'épouse *socia rei humanæ atque divinæ* (6). Cette société, cette égalité de droits était exprimée avec énergie dans les mots sacramentels que prononçait la fiancée en entrant dans la maison conjugale : *ubi tu Kaius, ibi ego Kaia.* Scevola parle même d'un mari qui avait contracté avec sa femme une société de tous biens (7), et une épigramme de Martial prouve que ces sortes de conventions étaient encore usitées sous les empereurs (8). »

Les défenseurs de ce système n'ont pas assez tenu compte de la diversité des époques auxquelles se réfèrent les textes dont ils argumentent. Au début de toute société, lorsque des familles errantes se fixent sur un sol inoccupé ou conquis, elles vivent d'abord dans une communauté de fait qui persiste tant que la peuplade n'abandonne pas la chasse ou la pêche pour l'agriculture. Cette communauté doit se maintenir bien plus longtemps dans la famille que dans la peuplade; on ne s'étonnera donc pas de rencontrer aux premiers siècles de Rome cette communauté de fait que décrit Columelle : « *Nihil conspiciebatur in domo dividuum, nihil quod aut maritus aut femina proprium esse sui juris diceret* (9). » C'est peut-être à cette communauté primitive qu'il faut

(1) Brisson. op. varia, De ritu nupt., p. 165. — (2) Cout. de Bourg., t. I, p. 179; ch. I, obs. n° 37. — Cf. Fornerius, Rer. quot., l. III, ch. XXIX. — Abr. Van Wezel, 361. — Rag. et Laurière, Gloss. du dr. fr., v° Communauté. — De Laurière, Texte des cout. de Par., t. X. — Il assimile le *mundium* et la *manus*. — (3) Ant. rom., II, 25. — (4) Paulus, l. VII, ad Sab. — Ap. D., XXV, II, fr. 1. — (5) Lib. I Reg. — Ap. D., XXIII, II, fr. 1. — (6) Imp. Gord. A. Basso., C. IX, XXXII, 4. — (7) Lib. XVIII, Dig., ap. D., XXXIV, I, fr. 16, § 3. — (8) L. IV, ep. 75. — (9) L. XII, De re rust. præf.

remonter pour trouver l'explication du titre de *socia* donné à la femme, à moins qu'on ne veuille y voir l'expression de l'égalité civile, de la communauté d'existence, idée fondamentale de tout mariage sans polygamie : *Individuam vitæ consuetudinem*.

Le texte de Denys d'Halicarnasse se rapporte très-probablement aux mariages dans lesquels la femme passait *in manum mariti*, et avait, à la vérité, un droit sur les biens du mari, mais un droit de *succession* égal à celui de ses enfants, dont elle était regardée comme la sœur dans le partage des biens du père de famille. Il y a bien loin de là à la communauté décrite par Columelle, association naturelle qui n'est pas devenue une institution civile, car on n'en rencontre point de traces dans les lois romaines ou dans les écrits des jurisconsultes. Le fait rapporté par Scevola est tout exceptionnel, et on en trouve la preuve dans l'épigramme déjà citée, où Martial, célébrant une disposition analogue, en parle comme d'une chose extraordinaire, et rappelle les exemples fameux d'Alceste et d'Évadné. Le caractère pour ainsi dire national des Romains, surtout dans les premiers siècles, est la cupidité et l'avarice : les Caton, les Brutus, ces austères républicains, prêtaient à une usure effroyable, et ils étaient tous plus disposés à recevoir qu'à donner ; Caton, en particulier, ne dissimulait pas sa prédilection pour les grosses dots, *magnam dotem* (1). Si nous nous rappelons aussi quelle défiance soupçonneuse leur inspiraient les femmes, nous comprendrons aisément pourquoi la communauté entre époux n'a pu être à Rome une règle générale.

On ne peut donc conclure qu'une seule chose des textes invoqués, c'est que les contrats de mariage, chez les Romains comme chez nous, étaient susceptibles de toutes conventions, pourvu qu'elles ne fussent pas expressément réprouvées par les lois. Deux époux pouvaient donc contracter entre eux une société de biens (2) ; cela devait arriver bien rarement en Italie, plus souvent peut-être dans les pays où un régime analogue d'association conjugale avait été autrefois usité, en Gaule par exemple.

(1) Aulugelle, XVII, 6.— (2) Les jurisconsultes romains eux-mêmes sont forcés, dans quelques détails, de supposer l'existence d'une société de biens entre les époux : ainsi Paul décide que le mari *diligentiam præstabit quam in suis exhibet* (l. VII ad Sab. D., XXIII, III, fr. 17) : or c'est là précisément ce dont est tenu l'associé, et on ne peut expliquer cette décision que par l'analogie implicitement reconnue entre le mariage et la société.

Un fait particulier à ce pays nous montre encore la fausseté du système que nous combattons. C'est, en effet, dans les provinces où le droit romain eut toujours le moins d'influence que la communauté s'est le plus développée; dans les provinces où le droit romain resta si longtemps en vigueur, elle était complétement inusitée, et, à l'époque de la rédaction du code civil, les pays de droit écrit la repoussèrent « comme une pomme de dis« corde que le nord de la France voulait jeter dans le midi, fruit « que la barbarie des Francs avait cueilli sans doute dans les « forêts de la Germanie, et qu'elle a apporté dans les Gaules au « milieu du tumulte de la victoire et de la licence des camps (1)! »

II.

Origines celtiques.

Les origines celtiques de la communauté de biens entre époux ont servi de base à un système tout aussi exclusif; il compte, au nombre de ses défenseurs, Pasquier (2), Grosley, qui, voulant retrouver chez les peuples de la Gaule l'origine de tous les principes coutumiers, confondait les Celtes avec les Germains, et invoquait à la fois César et Tacite (3). Heinecke, de son côté, reconnaît la communauté aussi bien chez les Gaulois que les Germains (4). Cette opinion a été soutenue, il y a peu d'années, par MM. Berlier (5) et Amédée Thierry (6); M. Pardessus l'avait aussi adoptée (7); mais il a présenté, plus tard, un système moins absolu dans sa treizième dissertation sur la loi salique, p. 675.

Toute la discussion roule sur ce texte bien connu de César : « Viri quantas pecunias ab uxoribus dotis nomine acceperunt, « tantas ex suis bonis æstimatione facta cum dotibus communi« cant. Hujus omnis pecuniæ conjunctim ratio habetur, fructus-

(1) Obs. du trib. de Montp. — Fenet, t. IV, p. 171. — (2) Rech. de la Fr., p. 398. — (3) Rech. pour servir à l'hist. du dr. fr., p. 8 et s. — (4) Elem. jur. germ., l. I, XII, § 262. — Cf. Lebrun, Des succ., ch. I. — Guichard, Diss. hist. sur les comm. de France, p. 7. — (5) Préc. hist. de l'anc. Gaule, p. 276. — (6) Hist. des Gaules, II, 69. — (7) Mém. sur l'or. du dr. cout.; Mém. de l'Acad. des Inscr., X, p. 752, s. — Cf. MM. Mignet, Rev. de lég. et de jur., t. II, p. 221. — Rodière et Pont, Tr. du cont. de mar., t. I, p. 9. — Giraud, Essai sur l'hist. du dr. fr., t. I, p. 35 et 320. — Laferrière, Hist. du dr. civ. de Rom. et du dr. fr., t. II, p. 165.

« que servantur ; uter eorum vita superarit, ad eum pars utrius-« que cum fructibus superiorum temporum pervenit (1). »

« Autant les maris ont reçu de leurs femmes à titre de dot, « autant, estimation faite, ils mettent de leurs propres biens en « communauté avec cette dot. On dresse, conjointement, un état « des valeurs réunies, et on réserve les intérêts ; l'époux survi-« vant recueille les deux parts avec les intérêts des années anté-« rieures. »

Ainsi les époux mettent en commun un apport égal ; ce capital est exploité concurremment par les deux époux, et les intérêts sont mis de côté. A la mort de l'un des deux époux, les fruits et le capital passent au survivant, à l'exclusion des héritiers du défunt. Voilà incontestablement le sens de ce passage, qu'Heinecke n'a pas bien compris ; il suppose, en effet, que les fruits produits par le capital commun se partagent, à la dissolution du mariage, entre l'époux survivant et les héritiers du défunt (2).

Quelques personnes pensent que César s'est trompé dans l'exposition de ce système. Il est impossible, a-t-on dit, de supposer que tous les fruits du capital commun étaient mis de côté; il faut croire qu'on réservait seulement l'excédant des besoins. En présence d'un texte si formel, nous ne pouvons admettre cette hypothèse; nous ne voyons pas, d'ailleurs, la prétendue impossibilité que l'on signale. Si César parlait d'une communauté universelle, assurément le système qu'il décrit serait inadmissible : on n'aurait pas pu mettre de côté les fruits de tous les biens ; mais ce n'est pas là le régime décrit par notre texte, où il n'est question que de la réserve des fruits *des capitaux mis en commun* par le mari et par la femme, capitaux qui ne constituaient pas toute la fortune des époux. Ce système devait frapper l'attention de César, qui, d'ailleurs, insiste sur cette idée ; car, après avoir dit que l'on réserve les fruits, *fructusque servantur*, il ajoute que le survivant reçoit les fruits de toutes les années antérieures : *cum fructibus superiorum temporum*. Un texte d'Ulpien nous prouve qu'il ne s'est pas trompé, et que cette convention a toujours été en usage. Le jurisconsulte romain examine, en effet, la question de savoir *si elle est valable*, et il décide qu'elle le sera, si la femme se charge de pourvoir elle-même à ses propres dépenses (3).

(1) L. IV, c. XIX, De Bello gall. — (2) El. jur. germ., l. I, XII, § 263. — (3) Ulp., l. XXXI ad Sab., ap. D., XXIII, IV, fr. 4. — Cf. M. Pellat, Textes sur la dot, trad. et comm., p. 312, 315.

Les systèmes absolus de Grosley et de Heinecke ne sont pas soutenables, puisque l'un repose sur l'assimilation des Gaulois et des Germains, et l'autre sur une fausse interprétation du texte de César. — M. Pardessus, avons-nous dit, après avoir cru d'abord que ce système n'était autre que la communauté telle qu'elle nous est parvenue, a reconnu, plus tard, que l'on ne pouvait y voir la communauté telle que l'avaient établie nos coutumes, et que l'a maintenue le Code civil, sous le nom de *communauté légale*, mais seulement la communauté conventionnelle bornée aux acquêts, avec la chance aléatoire que tout appartiendra au survivant; C. c., art. 1525 (1). M. Laferrière n'y trouve, au contraire, qu'un gain de survie (2).

Sans doute ce système ne se trouve pas formulé dans notre code, l'art. 1525 qui s'en rapproche le plus supposant la reprise faite par les héritiers des apports et capitaux tombés dans la communauté du chef de leur auteur, tandis que dans le texte de César l'apport de l'époux prédécédé appartient au survivant; mais cependant il y a là quelque chose de plus qu'un gain de survie. Le gain de survie n'est qu'un avantage fait par l'un des époux à l'autre en cas de prédécès du donateur. Or ici nous voyons, en outre, de part et d'autre, une mise, un apport qui doit fructifier par le travail commun, auquel chacun des époux a droit sous la condition suspensive de sa survie. Il y a donc intérêt de part et d'autre, association, communauté. Bien que le système de l'article 1525 du C. c. ne soit pas exactement celui que décrit César, tout ce que l'on peut dire pour établir que l'un n'est pas exclusif de communauté est applicable à l'autre (3).

Ces principes du droit celtique n'ont pas dû persister aussi longtemps que le dit Grosley (4), et n'ont sans doute pas exercé une influence immédiate sur les législations qui ont régi la France; mais par cet apport égal, par cette clause aléatoire attribuant sans distinction au survivant la totalité des biens mis en commun, ils consacraient un point important qui deviendra,

(1) Treizième diss. sur la loi Sal., p. 674. — (2) Hist. du dr. civ. de Rome et du dr. fr., t. II, p. 465. — (3) Les époux pourraient maintenant encore adopter le régime celtique, et convenir que le survivant prendra la communauté, y compris même les apports et capitaux du chef de l'autre époux; mais, comme il n'y aurait plus lieu d'appliquer le deuxième alinéa de 1525, il faudrait reconnaître là une libéralité réductible d'après les règles ordinaires. — (4) P. 19, p. 51. 78. — Cf. cepend., Aulugelle, l. XVI, c. XIII.

grâce surtout aux efforts de l'Eglise, la base de la communauté coutumière : je veux dire l'égalité des époux devant la loi, la société civile entre époux, idées inconnues des peuples civilisés de la Grèce et de l'Italie. Par la mise en commun et l'exploitation collective de certains biens sur lesquels le mari et la femme avaient des droits éventuels et égaux, le système gaulois présentait les avantages les plus sensibles de la communauté des temps postérieurs, qui a eu surtout pour but d'intéresser les deux époux au développement de la fortune conjugale : or, de tous les caractères de la communauté, c'est celui-là surtout que les masses saisissent le mieux, auquel elles s'attachent le plus.

En résumé, nous ne croyons pas, comme M. Pardessus, que le texte de César présente le système consacré dans le Code civil par l'art. 1525 ; d'un autre côté, nous y voyons quelque chose de plus qu'un gain de survie, et nous ne pouvons accepter l'opinion de M. Laferrière. Une chose nous paraît surtout digne d'attention et incontestable ; c'est que ce système a dû exercer une influence médiate, il est vrai, mais considérable sur le développement du régime de la communauté, et qu'il a dû prédisposer les populations à l'accueillir avec faveur. Nous voyons même que dans cette *province romaine*, qui avait abandonné si facilement ses usages, ses mœurs, sa religion et sa langue, le droit des vaincus venait, à l'aide de stipulations privées, altérer la pureté de l'*ipsum jus*. Les *prudents* indignés protestaient contre ces tentatives de conciliation entre les principes gaulois et les principes romains ; s'ils subissaient à regret l'un des points du système gaulois, la donation égale à la dot, ils repoussaient de toutes leurs forces les conventions d'après lesquelles les fruits étaient réunis à la dot et rendus avec elle (1).

III.

Origines germaines.

« Chez les Germains, dit Tacite, c'est le mari qui apporte la « dot. Les ascendants et les proches assistent à l'entrevue et « agréent les présents. Ce ne sont ni de ces frivolités qui plaisent « aux femmes, ni de ces ornements qui parent une nouvelle ma- « riée, mais des bœufs, un cheval tout bridé, un bouclier avec la

(1) Ulp., l. XXXI ad Sab., ap. D., XXIII, IV, fr. 4.

« framéo et le glaive ; c'est avec ces présents qu'on achète une « épouse. La femme, de son côté, donne quelques armes à son « mari. Ce sont là les liens indissolubles, les symboles mysté- « rieux, les divinités tutélaires de leur union. La femme ne peut « se croire dispensée des vertus sévères, ni protégée contre le « hasard des combats ; les auspices qui président à son hymen « l'avertissent qu'elle vient partager des travaux et des périls, « que dans la paix, que dans la guerre elle doit souffrir, oser au- « tant que son époux. Voilà ce que lui apprennent ces bœufs « attelés, ce cheval équipé, ces armes qu'on lui donne. » *Venire se laborum periculorumque sociam, idem in pace, idem in prælio passuram ausuram, hoc juncti boves, hoc paratus equus, hoc data arma denuntiant* (1).

C'est dans ces dernières lignes qu'on a prétendu, en Allemagne, voir le système de la communauté. Si on veut le trouver dans un seul passage où Tacite appelle la femme *la compagne* des travaux et des dangers de son mari, on devra, à bien plus forte raison, le reconnaître dans les nombreux textes des lois romaines, où le mariage est appelé une société, et dont quelques-uns nous montrent même cette société organisée. Aussi Heinecke lui-même avoue-t-il qu'il est impossible d'affirmer « que la communauté « ait été usitée chez les Germains au temps de Tacite (2). » La coutume des Francs saliens, la plus ancienne et la plus germaine des coutumes barbares, ne contient aucun texte qui se rapporte à ce régime d'association conjugale, qu'on ne retrouve pas davantage dans l'ancien droit commun de l'Allemagne (3). Toutefois cette idée de communauté morale, ce respect pour la femme, que nous dépeint Tacite (4), était le germe de la communauté civile ; ces principes, apportés en Gaule par les bandes germaines, entrèrent dans leurs coutumes et eurent alors seulement sur la formation de la communauté coutumière une influence que nous aurons bientôt à apprécier.

(1) De German., c. XVIII.—(2) Elem. jur. germ., l. I, XII, § 264.—(3) Miroir de Souabe, texte franç. publié par M. Matile, c. XXXIII-XXXVII. — (4) Inesse quin etiam sanctum aliquid et providum putant : nec aut consilia earum adspernantur, aut responsa negligunt. Vidimus, sub D. Vespasiano, Veledam. diu apud plerosque Numinis loco habitam. *De Germ.*, c. VIII.

IV.

La communauté dérive-t-elle du *mundium* ?

Le respect de la femme était, selon Tacite, l'un des caractères distinctifs des Germains ; aussi trouvait-elle, dans toutes les conditions, un appui, un protecteur légal : fille, son père ou ses plus proches parents mâles ; — épouse, son mari ; — veuve, les parents de son père ou de son mari ; — orpheline délaissée, le chef de la tribu. Le *mundium* germain était une institution bienveillante, protectrice ; la *manus* romaine, au contraire, avait été inspirée par un sentiment de défiance : si elle protégeait la femme, c'était en l'asservissant, en confisquant ses biens et lui accordant tout au plus le droit d'être la sœur de ses enfants, *filiœ locum obtinebat* (1). C'est donc à tort que le savant de Laurière a confondu cette institution avec le *mundium* et a soutenu que la communauté résultait de leur combinaison (2).

Ce système a été repris en Allemagne, dégagé de l'alliage romain et soutenu comme une théorie toute nouvelle par des hommes éminents (3) ; en France il a trouvé aussi des défenseurs (4) ; mais, quels que soient le nombre et le mérite des savants qui l'ont soutenu, il paraît impossible de reconnaître que le régime d'association conjugale dont l'essence est l'égalité des époux procède d'un régime d'autorité, de tutelle (5). La nature même de cette puissance maritale montre assez qu'elle n'a pu être pour rien dans l'établissement et la consécration des droits de la femme sur la masse des biens composant la fortune conjugale. Ces droits sont, en effet, des empiétements sur le *mundium*, qui, bien loin d'amener la communauté de biens entre époux, devait conduire nécessairement à un système tout contraire ; aussi, dans les coutumes des pays du Nord, qui ont conservé le plus fidèlement l'esprit des institutions germaniques, et où le *mundium* s'est perpétué jusqu'à nos jours, la femme n'a jamais eu sur la

(1) Gaius, Comm., I, § 111.—(2) Texte des cout. de Par., t. x.—(3) MM. Mittermaier, Philipps, Eichhorn, Zœpfl. — (4) MM. Kœnigswarter, Rev. de lég. et de jur., 1843, t. XVII, p. 399 et 432. — Klimrath, *ib.*, t. IV, p. 61. — Homberg, Préc. anal. des trav. de l'Ac. de Rouen, 1845, p. 115. — Dubois, Rev. de lég. et de jur., 1849, t. III, p. 385 ; — et surtout M. Ginoulhiac, Hist. du rég. dotal, p. 285 et s. — (5) Cf. M. Troplong, Du cont. de mar., I, CXL.

masse commune, sur la fortune conjugale que les droits d'un héritier (1).

Le *mundium* a eu sans doute sa part d'action dans le développement du système d'association conjugale ; c'est de lui, on ne peut le méconnaître, que vient la puissance maritale, les droits de mainbournie et de *protection* que consacre Beaumanoir : « Il « loist à l'omme battre sa feme sans mort et sans mehaing « quant elle le meffet ; si com quand ele est en voie de faire fo- « lie de son cors, ou quand ele dement son baron ou maudist, « ou quand ele ne veut obéir à ses raisnables commande- « ments (2). »

V.

Coutumes barbares. — Droit aux acquêts.

§ 1.

Si l'on ne peut retrouver dans le droit primitif des Gaulois ou des Germains l'origine de la communauté, on doit reconnaître, a-t-on dit, que les règles de l'association conjugale chez ces deux peuples la contenaient au moins en germe. Les usages gaulois avaient réagi sur la législation romaine et multiplié en Gaule ces sociétés de biens entre époux dont Scevola cite un exemple ; les peuples qui s'établirent en France après l'invasion avaient un système d'association conjugale assez semblable à celui des Gaulois ; aussi se développa-t-il avec une grande facilité, surtout au nord de la Loire, et doit-on le regarder comme l'une des origines les plus importantes de la communauté coutumière de biens entre époux.

On voit, en effet, ces lois barbares accorder à la femme une part dans les biens acquis pendant le mariage. Chez les Visigoths, elle est proportionnelle à l'apport (3) ; elle est de la moitié chez certaines tribus saxonnes (4). La loi salique ne contient pas de dispositions à ce sujet ; mais la loi des Francs ripuaires, postérieure à celle des Francs saliens, accorde à la femme le tiers des acquêts (5), et on peut croire qu'elle constate le droit commun des Francs après l'invasion ; car, dans le partage des biens

(1) Cout. allemandes, angl. Cf. Hein., El. jur. germ., I, p. 276-283. — (2) Beaum., ch. LVII, 6. — XXI, 2. Cf. d'Argentré sur Bret., art. 423, gl. 2, n° 5. — Art. 410, gl. 2, n° 2. — (3) L. IV, t. II, § 16. — (4) Vet., lex Saxon., XLVI. — (5) T. XXXVII.

de Dagobert, le tiers des acquêts faits pendant le mariage est réservé à la reine Nanthilde (1). Ce droit au tiers résulte encore des formules de Marculf (2), et il a été consacré et étendu sous la deuxième race par les Capitulaires (3).

Quelle est la nature de ce droit? Est-ce un véritable droit de communauté coexistant au mariage et profitant même aux héritiers de l'époux prédécédé? ou bien n'est-ce qu'un droit éventuel de survie, un gain de veuve ne s'ouvrant qu'à la dissolution du mariage au bénéfice du survivant, sans que jamais les héritiers de l'époux prédécédé puissent y prétendre?

Cette dernière opinion a été soutenue par Houard (4), et tout récemment par MM. Laferrière (5), Kœnigswarter (6), Laboulaye (7) et Troplong (8).

Des textes précis établissent d'une manière formelle, à notre avis, que ce droit n'est pas seulement un gain de veuve ou de survie, mais un véritable droit de communauté que les héritiers de l'époux prédécédé pouvaient exercer.

Le texte le plus important en lui-même, et aussi par la controverse qu'il a soulevée, est la formule 17 du livre II de Marculf (9), testament conjonctif de deux époux. Dans la première partie, le mari fait divers legs et déclare que parmi les biens

(1) Fred., Chr., LXXXV, ap. Rer. gall. et fr. script., t. II, p. 445. — (2) II, 7, 17. — App. ad Marc., XL. — (3) Hludowici I cap. ad Theod. vill., 821 oct. (Anseg., lib. IV, 9. — V, 295). Pertz, Mon. germ. hist. Leg., I, p. 229. — (4) Dict. de la cout. de Norm. v° Clé. — (5) III, 163. — (6) Rev. de lég., t. XVII, p. 410. — (7) Cond. des femm., p. 371. — (8) I, p. CXVI. — (9) Nous extrayons de cette formule les passages sur lesquels porte la discussion. Marc. Form. II, 17... Ego ille et conjux mea illa..., testamentum nostrum condidimus...; villas vero illas et illas..., filius noster recipiat..., villas illas basilica illa... recipiat... Sed dum in villas aliquas, quas superius memoravimus, quas ad loca sanctorum, heredibus nostris deputavimus, *quod pariter stante conjugio adquisivimus*, prædicta conjux nostra *tertiam* inde habere potuerat, *propter ipsam tertiam* villas nuncupantes illas... in integritate, SI NOBIS SUBPRESTIS FUERIT in compensatione recipiat...

Itemque ego illa, ancilla tua, Domne et jugalis meus ille, in hoc testamentum... scribere... rogavi, ut, si TU MIHI SUBPRESTIS FUERIS, omni corpore facultate mea, quantumcumque ex successione parentum habere videor, *vel in tuo servitio pariter laboravimus, et quod in tertia mea accepi*, in integrum, *absque repetitione heredum meorum*, quod tua decrevit voluntas, faciendi liberam habeas potestatem. Et post discessum vestrum, quod non fuerit *dispensatum*, ad legitimos nostros *revertatur heredes*.

dont il vient de disposer il y a quelques conquêts dont sa femme *a droit de prendre un tiers;* en conséquence, il lui donne, et elle accepte d'autres biens en remploi. La femme exprime à son tour ses dernières volontés; elle donne ou lègue a son mari : 1° ses biens propres, 2° *son tiers sur tous les acquêts* faits pendant le mariage, *quantumcumque... in tuo servitio pariter laboravimus, et quod in tertia mea accepi;* « le tiers de tous les biens acquis pendant « le mariage, tiers qui m'appartient dès maintenant, dont je puis « disposer actuellement, sur lequel j'ai un droit *acquis* (*accepi*) « du jour de mon mariage » (en vertu du titre XXXVII de la loi des Ripuaires) (1).

Il ne s'agit donc pas ici d'un gain de survie, mais d'un véritable droit de copropriété et de communauté : d'une part, le mari reconnait le droit de sa femme au tiers des conquêts comme préexistant à la dissolution du mariage, et indépendant de la condition de survie; de l'autre, la femme en dispose par testament *en faveur de son mari*, ce qui établit nettement qu'elle avait un droit sur ces biens, même dans le cas de prédécès, et ne peut se concilier avec l'idée de gain de survie ou droit de viduité, par laquelle on prétend expliquer ce droit au tiers des conquêts. Un autre passage du testament vient encore confirmer notre opinion; c'est celui où la femme exclut ses héritiers, *absque repetitione heredum meorum*, ce qu'elle n'aurait pas eu besoin de faire, s'ils n'avaient eu aucun droit sur ce tiers (2).

Cette formule, que plusieurs autres textes viennent confirmer, établit donc, de la manière la plus évidente, l'exactitude de notre proposition. Cependant M. Laferrière, après en avoir longuement discuté le sens, ne veut y voir qu'un gain de survie (3). Il présente trois objections au système que nous défendons; la première est empruntée à M. Pardessus, et n'est pas en harmonie avec les deux autres. Le savant auteur des *Dissertations sur la loi salique* reconnait, en effet, qu'il résulte de cette formule que la femme avait, même pendant la vie du mari, un droit de pro-

(1) V. inf. p. 26.—(2) Selon M. Pardessus, elle ne lègue que l'usufruit de ses biens, qui reviendront à ses héritiers après la mort de son mari. Nous croyons qu'il y a là quelque chose de plus qu'un legs d'usufruit, puisque la femme ne réserve à ses héritiers que ce qui n'aurait pas été *dispensatum* par le mari. Cette disposition n'est pas sans analogie avec l'institution contractuelle de l'art. 1083 du Code civil. — (3) T. III, p. 163-166.

priété sur le tiers; que le mari ne pouvait, sans son consentement, en disposer à titre gratuit; mais il attribue ce droit de la femme à une convention matrimoniale expresse. Nous essayerons bientôt de réfuter cette opinion, et nous écartons, pour un moment, l'objection que M. Laferrière en a tirée, objection dont la base est en opposition complète avec un système qui n'admet pas même ce droit conventionnel de propriété attribué à la femme par M. Pardessus.

M. Laferrière tire sa deuxième objection de la combinaison des deux parties de la formule; dans son opinion, le mari convertit en corps certains le droit éventuel de la femme au tiers des acquêts, droit subordonné à la condition de survie, et, dans la deuxième partie de la formule, la femme ne lui donne pas *le tiers qui lui reviendra lors de la dissolution du mariage*, mais, seulement, en cas de survie, *ces corps certains* qu'elle vient de recevoir.

Admettons, pour un instant, que c'est bien le droit général de la femme au tiers de tous les acquêts dont il est ici question, et qu'il ne s'agit pas seulement de quelques biens particuliers (*aliquas villas*). Jetons les yeux sur la formule et voyons où cette interprétation nous conduira.

Le mari dit à sa femme : « Je te donne *dès maintenant* tels immeubles déterminés, tels corps certains en remploi de ce qui te « revient pour ton droit au tiers des acquêts. » — Ici nous sommes obligé de réparer une omission, ou plutôt, sans aucun doute, un oubli de M. Laferrière, et de rétablir une clause négligée, *celle de condition de survie de la femme :* — « Je te donne « ces immeubles déterminés, ces corps certains à la condition « que tu me survives, *villas illas si nobis subprestis fuerit in com*« *pensatione recipiat;* » — et la femme vient dire ensuite : *Si tu* « *me survis,* je te donne ces immeubles déterminés, ces corps « certains que tu viens de me donner (*à la condition que je te sur*« *vive*) ! »

La simple lecture du texte prouvant péremptoirement que la donation faite par le mari à sa femme est sous la condition de la survie de celle-ci, nous prenons la liberté de demander à M. Laferrière comment il pourra se faire que le mari survivant profite de cette donation ou legs que lui fait la femme, puisque, alors, la chose donnée *n'aura jamais appartenu à la donatrice*, la donation que le mari lui en avait faite sous la condition de survie ayant été frappée de caducité par son prédécès.

Il faut rejeter absolument un système qui mène à de telles conclusions, et nous devons nécessairement, pour trouver un sens à cette formule, reconnaître que la femme a, sur ce tiers, un droit de propriété antérieur à la donation que lui en fait son mari; que les mots *quod in tertia mea accepi* ne se réfèrent pas aux corps certains qu'il vient de lui donner en remploi de son droit au tiers des *quelques* domaines dont il a disposé (*villas aliquas*), mais bien à son droit de propriété sur le tiers de tous les autres biens, *quantumcumque... pariter laboravimus;* elle en exclut ses héritiers, *absque repetitione heredum meorum;* ce qui aurait été bien inutile si ce droit n'eût été qu'un gain de survie.

M. Laferrière ne présente que timidement sa troisième objection : « La formule invoquée renferme, dit-il, divers éléments; « elle concerne les dispositions mutuelles, dans un seul acte in- « divisible, introduites par la novelle de Valentinien III de l'an « 446 ; elle réfléchit des idées qui, certes, par leur nature, ne « sont pas purement germaniques (1). » La forme même de cette objection nous prouve que l'auteur n'y attache pas beaucoup d'importance. Il est, en effet, un grand nombre de formules de Marculf où l'on retrouve les traces des lois romaines, et personne n'a songé à en induire qu'elles ne s'appliquaient pas à des Francs, que le droit qu'elles consacraient n'était pas le droit des Francs; or ici l'énonciation de la *tertia conquisitorum* prouve surabondamment qu'il en est de même dans la formule qui nous occupe; cela a toujours été regardé comme incontestable (2), et on peut conjecturer que M. Laferrière lui-même n'est pas bien convaincu de la solidité de son objection.

Nous croyons avoir répondu d'une manière complète aux arguments présentés contre le système que nous adoptons. Nous avons déjà cité en note, p. 21, 22, un certain nombre de textes qui viennent l'appuyer. Une autre formule de Marculf (l. II, form. 7), offrant une grande analogie avec celle que nous avons déjà étudiée, mérite une mention particulière; un mari et une femme s'y donnent réciproquement, en cas de survie, tous les biens propres ou acquêts, et *leur part dans les biens acquis en commun pendant le*

(1) T. III, p. 166. — (2) Cf. Bign., M. Pardessus.

mariage. Dans les deux parties de la formule, les acquêts sont mis exactement sur la même ligne que les alleux et autres biens appartenant en propre aux deux époux. Ce texte prouve encore sans réplique que la femme n'avait pas seulement, sur les acquêts faits pendant le mariage, un droit de survie, mais un droit de copropriété, de communauté.

§ 2.

Nous devons maintenant examiner le système de M. Pardessus, dont le but a été surtout de concilier les textes qui précèdent avec le titre XXXVII de la loi des Ripuaires (1). Ce système s'appuie sur la comparaison des deux premiers paragraphes de ce titre (2); il suppose que, lorsqu'il y avait eu des conventions matrimoniales arrêtées par écrit, la femme avait sur le tiers des acquêts un droit de copropriété, de communauté, et non pas seulement un gain de survie; mais, si le mari n'avait pas accordé ce droit à sa femme *per tabularum instrumenta*, il y avait ce que nous appellerions exclusion de communauté : tous les conquêts appartenaient au mari; seulement la loi accordait à la femme survivante, non à titre de société, mais comme un droit de succession et de viduité, un tiers dans les conquêts. En un mot, si le droit de la femme était purement légal, ce n'était qu'un droit de survie; s'il était conventionnel, c'était un droit de communauté.

Nous croyons volontiers que l'on dressait bien rarement ces *tabularum instrumenta;* mais laissons ce point de côté et entrons dans la discussion du texte.

Quelle que soit, en cette matière, l'autorité du savant auteur dont nous venons d'exposer la théorie, quelle que soit notre déférence pour ces décisions, il nous paraît bien difficile de retrouver dans ces deux paragraphes le sens qu'il leur assigne, sans les torturer étrangement. Il faut nécessairement, dans ce système, aller chercher à la fin du deuxième alinéa le membre de phrase *et ter-*

(1) L. S. 677. — (2) L. Rip., t. XXXVII. (§ 1) Si quis mulierem desponsaverit, quicquid ei per tabularum seu chartarum instrumenta conscripserit perpetualiter inconvulsum permaneat; (§ 2) si autem per seriem scripturarum ei nihil contulerit, si virum supervixerit, quinquaginta solidos in dotem recipiat; et tertiam partem de omni re quam simul conlaboraverint sibi studeat evindicare.

tiam partem de omni re, etc., l'isoler de la condition suspensive, *si virum supervixerit*, qui le précède, et l'accoler au premier alinéa, pour le replacer ensuite en son lieu naturel, et l'expliquer alors avec cette condition de survie qu'on a eu soin de négliger dans l'interprétation de la première partie du texte! Voici la préparation qu'il faut faire subir à ces deux alinéa pour y trouver le sens que l'on veut y voir : « § 1. Tout ce que le mari assure à sa femme par contrat de mariage lui appartient en propriété. § 2 *in fine*..... (on supprime la condition de survie). « Celle-ci aura, de plus, le tiers des acquêts. § 2 *in princ.* Si le « mari n'a rien assuré à sa femme par contrat de mariage, elle « aura pour dot cinquante sous..... (On établit la condition de survie.) Si elle survit à son mari, elle aura, de plus, le tiers des « acquêts. »

Il suffit de comparer cette interprétation avec le texte pour acquérir la preuve qu'elle est forcée, qu'elle déplace la condition *si virum supervixerit*, et donne successivement à la dernière partie du § 2 deux sens différents, suivant qu'elle l'affecte ou non de cette condition de survie. Il n'y a, ce semble, que deux manières possibles d'entendre ce texte : dans la première, adoptée par Houard et reproduite par MM. Laferrière et Laboulaye, on néglige le premier alinéa, qui permet aux parties de régler comme elles l'entendent leurs conventions matrimoniales, et on ne voit dans le deuxième qu'un gain de survie; la seconde, que nous proposons, s'accorde parfaitement avec les formules; elle ne fait pas porter la condition *si virum supervixerit* sur tout le paragraphe, mais le laisse à sa place, en le faisant tomber sur le membre de phrase *quinquaginta solidos in dotem recipiat*.

Nous échappons ainsi à l'arbitraire, et les deux paragraphes s'expliquent aisément :

« § 1. Tout ce que le mari assure à sa femme par contrat de « mariage lui appartient en propriété (*perpetualiter inconvulsum*); « § 2. si, au contraire, il n'y a pas eu de contrat de mariage et « que la femme survive à son mari, elle recevra cinquante sous « en dot; dans tous les cas, qu'il y ait ou non contrat de mariage, « qu'elle survive ou non à son mari, elle aura droit au tiers des « acquêts. »

Si l'on ne voulait pas accepter cette interprétation, et si l'on persistait à croire que la loi des Ripuaires ne consacrait, en effet, qu'un droit de survie pour la femme, il faudrait au moins reconnaître, pour expliquer d'une manière satisfaisante les formules si précises que nous avons rencontrées, que, sous l'influence toujours croissante de l'Eglise, l'usage s'introduisit bientôt de lui reconnaître un droit de propriété sur le tiers des acquêts (1).

VI.

Transformation du droit aux acquêts accordé à la femme par les coutumes barbares. — La communauté coutumière se développe sous une triple influence.

Nous avons maintenant à examiner comment le droit de propriété accordé à la femme sur le tiers des acquêts résultant du travail commun des époux est devenu la communauté coutumière. Il nous suffira de mentionner, sans le réfuter, le système ridicule exposé dans l'*Encyclopédie méthodique* (2), et reproduit dans quelques-unes des encyclopédies juridiques qui ont paru depuis un demi-siècle, système dans lequel on soutient que la communauté a été introduite par les Anglais, maîtres, sous Charles VII, d'une partie de la France.

Une des lois barbares, la loi saxonne, accordait à la femme la moitié des acquêts (3). Dans les actes de la première race, les époux semblent déjà traiter sur le pied d'égalité (4), et sous la seconde race la femme eut le tiers des bénéfices et la moitié des autres acquêts : *Volumus ut uxores defunctorum post obitum maritorum* tertiam partem conlaborationis *quam simul* in beneficio *conlaboraverint, accipiant;* et de his rebus quas is

(1) On a soutenu que le mot *conquisita* ne signifiait autre chose que les biens acquis par *conquête* (M. Laferrière, t. III, p. 166) ; il suffit, pour écarter cette interprétation, de rapprocher la loi des Saxons (XLVI) et la loi des Ripuaires (c. XXXVI)... *De eo quod vir et mulier simul* CONQUISIERINT, dit l'une, — *De omni re quam simul* CONLABORAVERINT, dit l'autre. M. Laferrière invoque un texte tiré des Assises de Normandie (M. Marn., p. 97) ; mais quand même ce texte irait à la question, quand même il n'y aurait pas lieu à distinguer les conquêts qui ont une origine bénéficiale, on ne peut pas argumenter d'une traduction incomplète et informe ; la très-heureuse découverte du *Registrum Scaccarii*, faite par M. L. Delisle (v. inf., p. 33), nous a permis de nous assurer que le mot latin traduit par conquêt est ordinairement *adquisitio*. — (2) Jurispr., v° Communauté. — (3) Vet. lex Sax., XLVI. — (4) Diplom., ed. Breq., Pardessus, II, p. 208. 280. — Polypt. Irmin., ed. Guérard, t. II, app., p. 341 a. 729.

qui illud beneficium habuit aliunde adduxit vel comparavit, has volumus tam ad orphanos defunctorum quam *ad uxores eorum pervenire* (1). On a prétendu, il est vrai, que ce texte n'accordait à la femme qu'une part d'enfant (2); mais la lettre et l'esprit du Capitulaire repoussent également cette interprétation, car il est dit que la veuve aura autant que *les* enfants, et, non pas autant qu'*un* enfant; et lorsqu'on accordait à la femme un tiers dans des Bénéfices, on ne pouvait lui accorder une part moindre dans les acquêts provenant du travail commun; or, dans l'opinion que nous combattons, c'est ce qui serait arrivé dès qu'il y aurait eu plus de deux enfants. La charte de la coutume d'Amiens nous donne l'explication de ce Capitulaire : « Qui superstes fuerit *me- « dietatem solus habebit, et infantes aliam* (Ord. XI, 265). » Et M. Laboulaye lui-même est forcé de reconnaître que l'on trouve à cette époque, et même beaucoup plus tôt, des actes constatant un *véritable droit de communauté* (3).

Le changement du droit au tiers des acquêts en droit à la moitié s'est donc opéré avant la troisième race, et nous croyons que le savant éditeur des *Assises* de Jérusalem a assigné à cette conversion une date trop récente (4). On peut, sans se livrer aux conjectures hasardées, que Merlin regarde comme inévitables en cette matière (5), dire que trois influences diverses contribuèrent à l'extension des droits de la femme et à la transformation de la communauté des lois barbares en la communauté coutumière, ce fut l'influence de l'Eglise, la législation des successions, et le développement de l'industrie et du commerce.

§ 1.

L'Eglise exerça une influence immense sur la législation du mariage; elle en avait fait un sacrement, c'était donc à elle seule à tracer les règles, à juger les contestations en cette matière. Nul ne songea à lui contester ce droit; l'idée moderne de la distinction entre le contrat civil et le contrat religieux eût été une hérésie au moyen âge. L'Église ne travailla, du reste, que pour le plus grand bien de la société : ses prohibitions sévères de ma-

(1) Hlud. I cap. 821, Ans., IV, 9.— V, 295. Pertz, Leg., I, 229. — (2) MM. Ginoulhiac, p. 325. — Laboulaye, Cond. des femm., p. 147. — (3) Cond. des femm. p. 372. — Cf. Cart. s. Ben. Div. 911. — Cart. don. Bernil. et Ingelb., ap. Pérard, p. 61. — (4) Ass. de la c. des Bourg., ch. CLXXXIII, p. 122. — (5) Rep., v° Cte.

riage entre parents à des degrés très-éloignés arrêtèrent l'inceste, si fréquent chez les peuples barbares ; la publicité des noces rendit la bigamie plus difficile (1). Pour assurer la perpétuité du mariage, elle prononça la mort civile et religieuse, l'excommunication contre ceux qui répudiaient sans motif leur femme (2) ; dans les cas fort rares où elle permit cette répudiation, elle défendit à l'époux innocent de se remarier du vivant de l'autre époux ; en un mot, elle substitua la séparation de corps au divorce (3).

La dot, à Rome, caractérisait les *nuptiæ*, l'union honorable conférant aux époux les titres de *vir* et d'*uxor* et les droits de puissance paternelle. L'Église, qui avait tant à lutter contre ces unions passagères que les barbares formaient et brisaient au gré de leurs passions, l'Église, disons-nous, exigea impérieusement la dot (4). Les conquérants n'avaient pas trouvé dans la langue romaine des termes pour exprimer toutes leurs institutions ; ils donnèrent au douaire le nom de *dos*. La confusion dans les mots amena naturellement confusion dans les idées, et on appliqua à la *dos* germanique les principes de la *dos* romaine ; le mari dut doter sa femme, et le douaire devint une condition du mariage légitime (5). L'Église voulut même que cette constitution de douaire se fît avec autant de publicité que le mariage lui-même, « à porte de moustier, » afin que, à l'avenir, on ne pût le contester à la femme (6). Dans sa sollicitude pour les droits de celle-ci, et aussi dans sa répulsion pour les seconds mariages, elle défendit encore de donner à une seconde femme la dot de la première (7).

Le principe que suivit l'Eglise dans la législation du mariage fut celui de l'égalité des deux époux devant la loi, procédant de leur égalité aux yeux de Dieu, égalité de droits dérivant de l'égalité de devoirs. Ces idées avaient trouvé facilement accès chez les peuples d'origine germaine, qui considéraient leurs épouses comme les compagnes de leurs travaux et de leurs dangers, *laborum pericu-*

(1) Cap. Pipp. Reg., a. 755, xv. — (2) Cap. vii, 305. — (3) Cap. vi, 87. 235. — Burch., Decr., ix, 61. 71. — (4) Cap. VI, c. 133 ; VII, c. 179. Burch., Decret., l. IX, c. i. ii ; l. XIX, c. v. — Conc. Arelat (anc. 524), 2e cau. Consang. 4e caus., 3, 2, 4, § 1. — C. xxx, q. 5, c. Taliter. — *Ibid.*, c. iv, Qualis debeat. — *Ib.*, c. vi, Nullum. — (5) App. ad Marc., 52. — (6) Beaum., c. xiii. Etabl., l. I, c. ii, 20, 100, 113, 123, 146. Assises, t. i, p. 279, 281, 449, 467, 620. Loysel, R. 136. — (7) Pertz, ii, 1.

lorumque socia; chez les populations gauloises, où la femme était considérée comme l'égale de l'homme. Aussi voit-on l'Eglise donner de bonne heure au mariage le nom de *societas nuptiarum* (1). La conséquence logique de cette qualification fut le partage égal entre le mari et le femme des bénéfices réalisés pendant le mariage par le travail commun ; et en effet les lois canoniques consacrent de très bonne heure la communauté parfaite entre époux : *Quæ lucrantur vir et uxor communiter obveniunt eis* (2). — *Divisionem eorum quæ olim communiter habuerunt districtu ecclesiæ compellatis* (3).

Le clergé, régi par les lois romaines, dont il avait surtout adopté les principes dans la matière des contrats, tendit de plus en plus à faire appliquer les règles du contrat de société à cette *societas nuptiarum*. Il appuya donc de tous ses efforts la communauté de biens entre époux, le partage égal à la dissolution du mariage, et c'est surtout grâce à cette influence que les droits de la femme dans les acquêts furent portés bientôt du tiers à la moitié ; nous arrivons ainsi à la communauté coutumière.

§ 2.

Les droits des filles dans les successions et le droit des femmes mariées ont toujours marché parallèlement dans le moyen âge. On trouve la raison de ce fait dans la connexion intime qui existe entre ces deux branches des législations, et en particulier dans la proportion presque toujours constante entre l'apport de la femme dans l'association conjugale et ses droits sur les biens de cette association. Tant que la femme apporta peu, ses droits furent presque nuls ; quand elle eut dans la succession de ses parents une part égale à celle de ses frères, elle put apporter à son mari des biens mobiliers, des troupeaux et même des immeubles, et l'équité commanda de lui donner une part plus considérable à la dissolution du mariage. Là encore nous retrouvons l'influence salutaire de l'Eglise, protestant *contre les usages impies* des Germains et enseignant que les filles sont, aussi bien que les fils, un *présent de Dieu*, qu'elles ont droit au même amour et à une part

(1) C. xxvii, q. 2, can. 17, Cum societas, Leo pap. — (2) Cap. Signif., extr. de Donat., inter vir. et uxorem. — Cf. Leon. III., ep. 2 ad Rust. Grat., c. xxvii, q. 2, can. 17. — (3) Urb. III, Decr. Greg., l. IV, t. xx, c. 2.

égale dans les biens de leurs parents (1). Les idées féodales réagirent contre ces tendances. Le fief, dans le principe, concession viagère à charge de service militaire, aurait été anéanti par la transmission égale à tous les enfants du concessionnaire. L'hérédité était contraire à son essence ; il fallut que l'introduction du droit d'aînesse vînt arrêter la ruine de la féodalité, qui, sans lui, n'eût pas pu subsister. On admit, à la vérité, quelques tempéraments, et les filles purent, dans certains cas et à certaines conditions, prendre part à la succession féodale ; mais, s'il y eut en ligne directe certaines réserves à leur profit, en collatérale leurs droits parurent moins sacrés, et on ne modifia point la sévérité des lois féodales. Il n'y eut point pour la sœur la réserve du tiers ou du quint dont profita la fille (2).

La succession roturière, au contraire, qui n'était pas gênée par la condition de la tenure, se conforma plus aisément aux intentions, sinon aux prescriptions de l'Eglise. Beaumanoir (3) et les établissements dits de *saint Louis* (4) nous apprennent « qu'en « villenage (c'est-à-dire roture), il n'y a point d'ainesse, ains em- « portent autant les mains nés comme les ains nés..., et emporte « autant la suer comme l'hoir mâle. » Le partage égal entre frères et sœurs fut donc longtemps pratiqué dans les bourgeoisies, où le droit d'ainesse ne paraît que vers le XVe siècle, conséquence naturelle des nombreux anoblissements moyennant finances ; et ce système de successions fut, assurément, une des causes les plus efficaces du développement de la communauté de biens entre époux dans les villes.

§ 3.

Nous avons assigné pour troisième cause à la transformation de la communauté des lois barbares en la communauté coutumière les développements de l'industrie et du commerce. Une des conséquences naturelles de ce mouvement commercial, et qui n'est pas la moins curieuse, a été de donner à la femme une plus grande importance sociale. Dans les sociétés agricoles, le travail de la femme est nul ou peu productif ; il consiste presque uniquement dans des soins de ménage, de surveillance intérieure. L'homme, au contraire, soit qu'il cultive lui-même, soit qu'il fasse cultiver par des esclaves ou des serviteurs à gages, est le

(1) Marc, II, 12.—(2) M. Lab., C. des fem., p. 235.—(3) C. XIV.—(4) Etabl., I, 132.

véritable producteur; aussi dans ces sociétés, à Rome, par exemple, la femme n'a-t-elle aucun droit sur la fortune acquise pendant le mariage. Au contraire, dans les sociétés commerçantes, où la profession du chef de famille n'exige ni les forces musculaires ni l'ascendant moral nécessaires à l'exploitation des biens ruraux, la femme partage les travaux de son mari et a droit à une part dans les acquêts. Ce fait dut surtout s'accomplir dans les cités manufacturières et marchandes du nord et de l'ouest de la France, où la femme contribuait autant et quelquefois plus que le mari au développement de la fortune conjugale, qu'elle administrait elle-même pendant ces longs voyages entrepris par les marchands pour écouler leurs produits ou acheter des matières premières. C'était justice d'accorder à la femme, à la dissolution du mariage, la moitié de ces biens qu'elle avait grossis par son travail de tous les jours. On ne s'étonnera donc pas que les premiers textes consacrant cette communauté conjugale qui se trouvent maintenant sur notre route soient les chartes de quelques-unes de ces villes manufacturières, chartes qui ne font certainement que confirmer et consacrer des usages anciens.

VII.

La communauté entre époux depuis le XIIe siècle.

Nous trouvons le principe de la communauté d'acquêts consacré dans les plus anciennes coutumes locales et chartes de communes que nous ayons. Ainsi les coutumes de Fribourg, qui sont de 1120, disent dans leur article 15 : « *Omnis mulier est* « genoz (1) *viri sui in hac civitate, et vir mulieris similiter. Omnis* « *quoque mulier erit hæres viri sui, et vir mulieris similiter erit* « *hæres illius* (2). » Dans une pièce de l'an 1092 on voit la femme avoir droit même à la moitié des propres (*dimidietatem alodi mei*), au moins en usufruit (3).

On lit dans les lettres de Louis VI, accordant, en 1128, une commune aux habitants de la ville de Laon, c. XIII : « *Si vir* « *et mulier de mercimoniis quæstum facientes, substantia fuerint*

(1) Allem. *genoss*, compagnon. — (2) M. Giraud, Essai sur l'hist. du dr. fr., pièces just. — (3) Ch. ct, p. 111, Cart. de S. Hil. de Poit., restitué par notre conf. M. Redet, et publié par la soc. des ant. de l'ouest, année 1847. — On remarque dans cette charte la tradition, assez rare, *Cum folio nucis*.

« *ampliati et hæredes non habuerint altero eorum mortuo, alteri* « *tota substantia remanebit.* » Il ne s'agit pas seulement ici d'un droit de survie, puisqu'on reconnaît le droit des héritiers (1).

Dans la charte de la commune d'Amiens (1190) on voit au chap. XXXV : « Si l'homme et la femme ont fait ensemble quel- « ques acquêts, et que l'un d'eux vienne à mourir, l'époux survi- « vant aura *la moitié de ces acquêts* et les enfants l'autre moitié. » *Qui superstes fuerit medietatem solus habebit et infantes aliam* (2).

Ce n'était pas un droit particulier à quelques villes, c'était le droit commun de tous les mariages entre roturiers ; les assises de Jérusalem nous l'attestent expressément :

« S'il avient que un homme et sa feme ont encemble conquis « vignes ou terres ou maisons ou jardins, le dreit dit que la feme « doit aver la moitié de tout par dreit et par l'assise de Reaume « de Jerusalem..... et, puis que le marit de la femme est mort, la « feme peut puis faire de sa part sa volenté, parce qu'elle l'a « conquis ensemble o luy (3). »

Le principe de la communauté avait même pris un tel développement que la femme prenait tous les biens propres du mari mort intestat au préjudice des descendants, ascendants et collatéraux de ce dernier ; car « *nus hom*, disent les Assises, *n'est si* « *dreit heir au* mort come est sa feme (4). »

Cependant, par une sorte de contradiction, les enfants qui ne jouissaient d'aucun droit sur les biens propres de leur père en avaient sur les conquêts de la communauté, ou au moins sur la part de leur mère prédécédée, part dont le mari n'avait que l'usufruit (5).

Philippe-Auguste, dans ses lettres de 1197, recommande aussi de réserver la part de l'épouse (6). Les lettres de 1219, données à Pont-de-l'Arche, ont motivé quelques objections contre le système que nous soutenons. Il y est décidé que, si la femme mariée meurt sans enfants, ses parents n'auront rien des conquêts qu'elle aura faits avec son mari, et qui appartiendront au mari seul, à la charge d'acquitter certains legs (7).

(1) Ord., XI, p. 186. — Cf. Ch. de Cerny, § 22, p. 233. — Ch. de Crespy, § 13, p. 235. — Ch. de Bruyères, § 13, p. 246. — Ch. de Sens, § 13, p. 259. — (2) Ord. XI, p. 265. — (3) C. des Bourg., ch. CLXXXIII, éd. Beugn., p. 122. — (4) Ch. CLXXXVI, p. 125. — (5) C. CLXXXVII, p. 126. — (6) Ord. I, p. 22. — (7) *Ibid*, p. 38.

On a voulu conclure de là que, même à cette époque, la femme n'avait pas de droits de communauté, mais seulement un droit de survie (1); les textes que nous avons cités et ceux que nous allons citer encore répondent victorieusement à cette objection. En supposant, d'ailleurs, que l'ordonnance de Philippe-Auguste fût une ordonnance générale, elle prouverait au moins que, avant 1219, la femme avait un droit de communauté, de copropriété transmissible à ses héritiers, même en cas de prédécès, droit que l'ordonnance a précisément pour but de lui enlever. Mais cette ordonnance est spéciale à une seule province, la Normandie; d'une part elle a été rendue en Normandie, de l'autre elle n'a jamais été exécutée qu'en cette province; car les établissements dits de Saint-Louis consacrent aussi le régime de communauté: l. I, ch. CXXXVI: « Se un hom ou une fame achetoient terre en« semble, cil qui plus vit, *si tient sa vie les achas;* et quand ils « seront morts ambedui, si retorneront li achat *l'une moitié* au « lignage devers l'home, et *l'autre moitié* au lignage devers li « fame (2).

Ch. CXXXIX: « Si aucun hons qui avoit muebles prenoit une « fame qui n'avoit riens, et il morust tout si eust il hoir, si ac« croit la fame la moitié des muebles, et si une fame bien riche « prenoit un hom poure et ele morust, si auroit-il la moitié des « muebles, et ainsi puet on entendre que *li muebles sont com« muns.* »

Ces établissements vont plus loin encore que les Assises, puisqu'ils accordent au survivant la jouissance entière des acquêts pendant sa vie, ce qui nous prouve que cette disposition s'appliquait surtout aux époux nobles, pour lesquels les coutumes ont conservé cette règle, tandis que les Assises nous attestent qu'entre roturiers le survivant n'avait que la moitié des acquêts (3).

Ces textes réfutent donc complètement M. Laboulaye, qui prétend qu'entre personnes nobles, au moins, le droit à la moitié des acquêts n'est qu'un droit de survie (4). Il invoque encore, à l'appui de son opinion, le droit que la veuve noble avait dans certaines coutumes, de prendre la totalité des meubles en payant les dettes. M. Troplong y voit, au contraire, avec raison, une

(1) M. Laboulaye, Cond. des femm., p. 287. — (2) Cf. Cout. d'Anj., art. 288. — (3) Cf. M. Troplong, Cont. de mar., p. CXXXIII. — M. Ginoulhiac, 305-306. — (4) Cond. des femm., p. 288-289.

preuve de l'existence de la communauté, d'une communauté avec préciput, se rapprochant des art. 1515 et 1516 C. c., car, remarquons-le bien, ce droit était réciproque, il appartenait au mari survivant comme à la femme survivante; c'était un pacte aléatoire de communauté. Il est, d'ailleurs, un fait qui viendrait encore confirmer, s'il en était besoin, les textes si formels des établissements attribués à saint Louis, et qui démontre que la communauté existait entre nobles, même avant l'époque qui nous occupe, c'est que, dès le temps des croisades, on accorda aux femmes nobles un droit de renonciation. Ce ne fut que plus tard qu'on étendit aux roturiers ce *privilége* de renonciation, ainsi que l'appelle le grand coutumier. La femme était donc associée, commune, car, si elle n'eût eu qu'un droit de succession, comme le prétend M. Laboulaye, on n'aurait pas considéré le bénéfice de renonciation comme un droit exorbitant, un privilége (1).

« Ce droit de moitié, ajoute encore M. Laboulaye (p. 372), « était si peu considéré comme un droit de communauté, que je « vois, sous le règne de saint Louis, contester à la femme sa « part dans les conquêts, et cela dans la coutume de Paris même « (Ol. I, 565, XXIV, a. 1265.) »

C'est là, évidemment, une erreur de fait. Dans l'espèce en question, on ne discutait pas le point de savoir si la veuve avait ou non droit de communauté, mais bien si la donation faite par saint Louis au mari était un conquêt ou bien seulement un avantage tout personnel à lui et à ses héritiers. — Il fut jugé que c'était un conquêt. Deux ans après (Ol. 1267, t. I, p. 708, XXX), un nouveau procès sur la même espèce fut jugé d'une façon différente. Mais, dans l'un et l'autre cas, on ne voit pas le moins du monde que le droit de communauté soit contesté; il est, au contraire, implicitement reconnu (2).

Nous sommes arrivés à la fin du XIIIe siècle, et alors la communauté règne sans conteste; elle ne comprend plus seulement tous les acquêts, mais elle s'étend aussi aux meubles des deux époux, confondus sous l'administration du mari. « Chascun si set « que compaignie se fet par mariage, car si tost coume mariage « est fez, *li biens* de l'un et de l'autre si sont *quemuns* par la

(1) M. Troplong, p. CXXXIX. — (2) Cf. M. Troplong, p. CXXXV.

« vertu du mariage (1), et ainsi puet-on entendre que li meubles « sont communs (2). »

A partir de cette époque, la communauté devient générale ; ses règles sont consacrées par de nombreux arrêts du parlement de Paris (3), et les jurisconsultes les développent et les commentent avant même que nous les retrouvions dans les premières rédactions des coutumes.

« La femme est aussi grande par coustume en ce que son mary « acquiert, le mariage durant entre eux, come est le mary, » dit la très-ancienne coutume de Bretagne, art. 210.

« Ils sont entrez commungs, dit l'ancienne coutume de Bourges ; ils demoureront commungs (4). »

L'ancienne coutume de Paris dit à l'art. 104 : « Par la cous-« tume de la ville, prevosté et vicomté de Paris, quand l'un des « deux conjoints ensemble par mariage va de vie à trespas, les « *meubles* et les conquests immeubles faits durant et constant le-« dit mariage, et qui communs estoient à l'heure du trespas du « premier mourant se divisent en telle manière que la moitié en « appartient au survivant, et l'autre moitié aux héritiers du tres-« passé. »

Cinquante-trois coutumes consacrèrent ce régime, que Loysel résume ainsi (5) :

« Sont les mariés communs en tous biens, meubles et conquêts « immeubles, du jour de leur bénédiction nuptiale. »

On a souvent argumenté de l'art. 389 de la coutume de Normandie, qui semble exclure nettement la communauté (6) ; nous croyons que cette prohibition est beaucoup moins absolue qu'on ne le prétend. Il faut au moins reconnaître qu'on retrouve la communauté dans les tenures bourgeoises ou roturières ; ainsi nous voyons dans un arrêt de l'Échiquier de la Saint-Michel 1241 que la femme aura la moitié des conquêts faits en bourgage. « De « acquisitione in burgagio facta habebit dicta uxor medietatem « partis mariti sui (7). » Nous ne devons pas nous en étonner,

(1) Beaum., XXI, 2.-266.—(2) Etabl., I, 139.—(3) Cf. Olim, MCCLXVII, p. 261. 268. 708. —Al. de St. Cur. § 8. Bibl. de l'Éc. des Ch. 2e s., I, p. 409.—(4) Ch. 161, la Thaum. anc. et nouv. cout. du Berry, p. 308.—(5) L. I, t. II, 9.—Règle 111, éd. Dup.-Lab.—(6) Cf. M. Laf., t. III, p. 168. —(7) Ap. Cad. in Scacc. S. Mich. coram D. Ep. Silvan., Ep. Baioc. et mult. aliis.—Regist. Scaccarii, ab a. MCCVII ad a. MCCXLIII; ms. inédit de la bib. de Rouen, coté Y, 9, 90. Ce registre, inconnu jusqu'à ce jour, contient un bien plus grand nombre d'arrêts que les recueils

puisque les législations du Nord, patrie des Normands, consacraient ce droit de communauté ; ainsi le code islandais des Grâgâs permet au mari et à la femme de contracter entre eux une société de biens, et accorde à la femme le tiers des biens communs (1).

L'ancienne coutume consacre aussi ce principe, ch. CI : « L'on « doibt scavoir que femme ne peut avoir douaire ni partie en con« quest *fors en bourgage où elle aura la moitié.* » Et cette règle forme l'art. 329 de la nouvelle coutume : « La femme, après la mort du « mari, a la moitié en propriété des conquêts faits en bourgage « constant le mariage. » Il s'agit bien ici d'un véritable droit de communauté, transmissible aux héritiers de la femme, même en cas de son prédécès; car l'art. 331 nous dit : « Le mari doit jouir « par usufruit, sa vie durant, de la part que sa femme a eue en « propriété aux conquêts par lui faits constant leur mariage. » Puisqu'il n'a qu'un droit d'usufruit sur cette portion des conquêts, les héritiers de la femme ont donc la nue propriété. Enfin, ce qui complète notre démonstration, c'est que la femme devait, en outre, contribuer aux dettes (art. 392), et que la veuve avait le droit de renoncer à cette part dans les conquêts (art. 394).

Un certain nombre d'usages locaux consacraient même en principe le régime de la communauté; tels sont ceux de la chastellenie d'Alençon, de Verneuil, de Caen, de Baieux, de Pont-de-l'Arche, etc. (2).

La véritable raison qui a fait donner à la femme normande la moitié des conquêts en bourgage, c'est-à-dire en bourgeoisie et roture, dans l'enceinte des villes, est aussi celle qui a contribué au développement de la communauté dans les villes des autres provinces; nous n'avons donc pas à y revenir. Dans l'intérêt du commerce, on avait été jusqu'à mobiliser les héritages urbains qui formaient la portion la plus notable de l'avoir des marchands

incomplets de MM. Marnier et Léchaudé d'Anizy ; il a été retrouvé tout récemment par notre confrère et ami M. L. Delisle, qui en prépare une édition extrêmement soignée pour la société des antiquaires de Normandie.

(1) Cod. jur. Isl. qui nom. Grâgâs, ed. J. F. G. Schlegel. — (2) Un jurisc. normand, M. Ducastel, a soutenu cette théorie ; Lebrun (*Tr. de la commun.*, l. I, ch. I, n° 10) incline à l'adopter ; — Pothier (*Tr. de la commun.*, art. prél., n° 7) reconnaît qu'il y a là un droit qui a quelque rapport au droit de communauté ; — enfin, dans un travail récent, M. Homberg semble adopter l'opinion de Ducastel.

(anc. cout., ch. XXXI). Cette facilité qu'avaient les négociants, en Normandie, de pouvoir, à un moment donné, réaliser leur fortune dut augmenter beaucoup leur crédit et développer leur commerce. Dans les autres provinces, au contraire, une protection exagérée rendait l'aliénation des immeubles fort difficile, sinon impossible.

L'exclusion de communauté de l'art. 389 de la nouvelle coutume est donc beaucoup moins étendue qu'on ne le croit généralement; elle est due probablement à l'action du régime féodal, beaucoup plus fortement organisé en Normandie que dans les autres provinces, et qui, loin de céder devant la bourgeoisie, lui fit adopter, dans une certaine mesure, des règles qui ne s'appliquaient, dans le principe, qu'aux fiefs (1).

VIII.

La communauté de biens entre époux ne doit pas son origine à la féodalité.

Pour ne pas briser l'ordre chronologique, nous avons dû attendre jusqu'à ce moment à examiner et réfuter le système qui reporte à la féodalité l'origine de la communauté de biens entre époux, système soutenu par M. Gaupp en Allemagne, et MM. Laferrière et Laboulaye en France (2). « C'est, en effet, dit-on, la féodalité qui a généralisé le servage; or, suivant les traditions féodales, il y avait communauté entre les serfs vivant à même pot et feu, à même chanteau. Quand les serfs furent affranchis et remplacés par les censitaires et tenanciers, les habitudes de vivre en communauté continuèrent; il suffisait d'avoir vécu et d'avoir mis quelque chose en commun pendant l'an et jour pour contracter une société tacite. Entre les époux, il y eut également communauté de biens après la codemeurance pendant l'an et jour. »

Mais ces sociétés tacites ne pouvaient se faire qu'entre rotu-

(1) Les Normands n'affectionnaient pas tant le régime dotal que le supposent MM. Rodière et Pont, t. I, p. 17, et M. Troplong, p. CL; il résulte d'un acte de notoriété des notaires de Rouen, enregistré le 21 prairial an XIII, et d'arrêts de la cour de Rouen du 10 messidor an XIII et du 16 août 1808, qu'il avait été fait en Normandie un grand nombre de contrats en communauté avant la publication du Code civil (Cf. Journ. des arrêts de Rouen et de Caen, t. III, p. 352. — T. IV, p. 267. — M. Marcel. *Du régime dotal*, p. 18. — (2) M. Laf., hist. du dr. franç., t. I, p. 177 et s.

riers; aussi M. Laferrière reconnaît-il que la communauté entre personnes nobles n'eut pas pour origine l'égalité du servage; selon lui, elle prit sa source plus haut : « Le christianisme ensei-« gnait l'égalité devant Dieu de l'homme et de la femme. Pour « les nobles, la vie conjugale commençait dans l'isolement du « château, et là aussi elle devait finir. Cette vie d'isolement devait « rendre toujours présente l'idée d'une existence commune entre « les époux; la solitude de la vie féodale a amené la communauté « de biens entre époux nobles. »

M. Laboulaye voit aussi l'origine de la communauté dans l'organisation des manses serviles, dans les communautés de pain et pot : le mari n'est qu'un chef de chanteau, la femme n'a d'autres droits que ceux d'un parsonnier, droits qui ne s'acquièrent que par la codemeurance d'un an et un jour (1).

De tous les systèmes proposés pour expliquer les origines de la communauté, c'est peut-être celui qui a contre lui les textes les plus formels. Nous trouvons, en effet, dans tous les auteurs coutumiers la distinction la plus nette entre les communautés qu'on prétend confondre. Ainsi nous lisons dans Beaumanoir, ch. XXI :

« ..... Compaignie se fet de pluriex manieres.....

« Chascun si sait que compaignie se fet par mariage; car, *si* « *tost coume mariage est fez*, li biens de l'un et de l'autre si sont « quemuns par la vertu dou mariage.....

« La seconde maniere coument compaignie se fet est de mar-« cheandise.....

« La tierche maniere coument compaignie se puet faire est par « convenance.....

« La *quarte maniere par quoi compaignie se fet*, si est la plus « perilleuse et dont je ai veu plus de gens deceuz, car compai-« gnie se fet selonc nostre coustume pour seulement manoir « ensamble à un pain et à un pot un an et un jour, puis que li « muebles de l'un et de l'autre sont mellés ensemble. »

N'est-il pas incontestable que Beaumanoir distingue profondément la communauté entre gens mariés et la communauté de pain et pot? Cela résulte clairement de son énumération, et plus encore peut-être de la manière différente dont commencent ces deux communautés, l'une après un an et un jour de codemeurance, l'autre *si tost coume mariage est fez*. Les Assises, les Établissements

(1) Cond. des femm., p. 333 et s.

décident également que la communauté entre époux commence du jour du mariage. Les coutumes notoires du Châtelet n'exigent pas non plus le terme d'an et jour (163), et MM. Laboulaye et Troplong se trompent en soutenant que la plupart de nos anciennes coutumes ne font commencer la communauté conjugale qu'après l'an et jour; de toutes ces coutumes il n'en est que *huit* qui exigent ce terme, inconnu avant le XVe siècle. Toutes les autres font remonter la communauté au jour de la bénédiction nuptiale, bien qu'elles reconnaissent d'ailleurs, pour la plupart, les sociétés d'an et jour; *et, dans celles où la communauté conjugale ne commence qu'après l'an et jour*, LA SOCIÉTÉ TACITE MOBILIÈRE *n'est pas reconnue* (1). Trois coutumes seulement, et des moins importantes, appliquent le terme d'an et jour dans les deux cas (Chartres, 57, 61; Châteauneuf, 66, 70; Dreux, 48, 52).

Cela est, du reste, si évident, que M. Laboulaye se contredit lui-même dans la page suivante et reconnaît que, en vilenage, *la communauté existait dès l'origine du mariage* (p. 333).

Il n'y a donc aucune assimilation possible entre la communauté conjugale et les sociétés taisibles entre gens de *poeste*. La confusion des meubles, dans les deux cas, repose sur des principes différents : dans le premier, sur les droits du mari, administrateur des biens communs; dans le second, sur la jouissance d'an et jour, terme qui n'a été introduit et appliqué à la société conjugale que fort tard, et d'une manière tout exceptionnelle, dans quelques coutumes seulement.

Si la communauté conjugale n'avait été autre que la communauté de pain et pot, elle aurait dû se dissoudre de la même manière; or nous ne croyons pas que personne veuille appliquer aux communautés entre époux l'adage coutumier : un parti, tout est parti, et le chanteau part le vilain (2). Les sociétés taisibles ont pu seulement contribuer à faire étendre la communauté conjugale aux meubles.

L'origine que l'on a voulu assigner à la communauté entre nobles n'est pas plus fondée; le christianisme enseignait sans doute l'égalité devant Dieu de l'homme et de la femme; mais il l'enseignait aussi bien pour les serfs et les roturiers que pour les

(1) Bretagne, Maine, Anjou, grand Perche, Loudunois. — (2) Loysel, l. I. Règle LXXV. — 93, éd. Dup.-Lab.

nobles, et rien ne peut expliquer pourquoi il aurait été cause de l'établissement de la communauté entre les uns et pas entre les autres. Ce serait apparemment un des priviléges de la féodalité de faire produire aux mêmes causes des effets divers, et des effets semblables aux causes diverses ; de faire que le christianisme ait eu de l'influence sur le régime d'association conjugale des nobles et n'en ait point eu sur celui des serfs, et que l'isolement dans les classes nobles, la vie en commun dans les classes inférieures aient produit un seul et même résultat, la communauté de biens entre époux.

M. Laferrière, pour établir son système, suppose gratuitement qu'outre l'idée de société les deux éléments essentiels de la communauté sont la faculté de renonciation accordée à la femme ou à ses héritiers, et le pouvoir du mari, chef de la communauté. Nous ne nous arrêterons pas à examiner si ce sont là vraiment les éléments essentiels de la communauté de biens entre époux quand on la considère dans ses généralités ; nous ferons remarquer que, sans doute, le droit de renonciation fut d'abord le privilége des femmes nobles (1), mais que ce n'est pas, dans le moyen âge au moins, un des éléments constitutifs, nécessaires de la communauté. Les Assises ne parlent point, en effet, de ce privilége de renonciation, bien que le régime de la communauté soit le seul qu'elles consacrent. Il en est de même du pouvoir du mari, chef de la communauté, qui existait comme conséquence du *mundium*, bien avant que la féodalité ait proclamé le mari *sires* ou baron de sa femme.

Les faits viennent aussi confirmer notre opinion ; en Allemagne, où la féodalité s'établit si vigoureusement, la communauté ne pénétra point dans les familles nobles (2) ; — il en est de même dans les lois anglaises. Nous croyons donc que le jugement sévère porté par Klimrath sur ce système reste dans toute sa force (3).

(1) M. Pard., Mém. sur l'or. du dr. cout., p. 731. 753.— (2) Heinec., El. jur. germ., I, p. 276. 288.— (3) Rev. de lég., t. IV, p. 59.

CONCLUSION.

Les origines de la communauté de biens entre époux ne se trouvent exclusivement ni dans le droit romain, ni dans le droit des Gaulois ou des Germains, tel que nous le présentent César et Tacite. Nous ne les reconnaissons pas davantage dans le *mundium* ou droit de protection du Germain sur sa femme, dans la féodalité ni dans l'organisation des tenures serviles. C'est dans les coutumes barbares qu'il faut retrouver ces origines, mais en ayant soin de tenir grand compte des législations qui régissaient la Gaule avant l'invasion, de l'action du christianisme et des influences externes de nature diverse, qui ont contribué, sinon à la formation première de ce système d'association conjugale, au moins à son développement et à son perfectionnement.

A Rome, les mœurs et les lois avaient ôté toute action aux femmes et les avaient enfermées dans une tutelle perpétuelle; on n'a donc pas dû s'étonner si le droit romain, dans sa pureté primitive, ne consacre pas les principes d'une communauté conjugale dont il reconnaît, du reste, la validité. Chez les Celtes et les Germains, au contraire, la femme a un rôle plus important, une plus grande liberté, des devoirs plus rigoureux, car elle doit partager tous les dangers de son époux; de là des droits plus étendus, une part dans l'association conjugale, part mal définie, mais que déterminent, après l'invasion, les coutumiers barbares. Ce droit aux acquêts, droit de survie dans l'opinion commune, droit de copropriété selon nous, n'est pas un droit nouveau pour les populations gallo-romaines, familiarisées avec les sociétés entre époux; aussi il se généralise bientôt et se transforme sous la triple influence de l'Église, du régime des successions et du développement de l'industrie et du commerce : du tiers il est porté à la moitié par la force même des choses, et aussi peut-être par l'influence des communautés taisibles. Le *mundium* germain, réduit à une simple *mainbournie*, donne au mari le droit de diriger et administrer les biens communs. L'association conjugale devient un véritable droit de communauté dès le XIe siècle ; elle lutte contre la féodalité, qui la subit en la modifiant, en la perfectionnant par l'introduction du privilége de renonciation, et s'inscrit victorieusement dans cinquante-trois coutumes, pour devenir plus tard, dans notre Code civil, le « régime de droit commun » de la France.

Paris. — Imprimerie de Mme Ve Bouchard-Huzard, rue de l'Éperon, 5.

www.ingramcontent.com/pod-product-compliance
Ingram Content Group UK Ltd.
Pitfield, Milton Keynes, MK11 3LW, UK
UKHW012119240726
13965UKWH00005B/1844

9 782013 457569